AF581826

OBSERVATIONS

AU TRIBUNAL DE TOURS,

POUR MADAME COURRIER.

OBSERVATIONS

AU TRIBUNAL DE TOURS,

POUR MADAME COURRIER.

Dans les investigations pour découvrir des coupables, la justice peut quelquefois s'égarer et faire porter sur une tête innocente la prévention la plus cruelle et la moins méritée : toutefois une longue épreuve n'est pas nécessaire pour que l'erreur lui soit dévoilée : Et comme tout a été pur dans ses inspirations, la justice est heureuse de pouvoir rendre à la liberté le prévenu qui en l'absence de tout élément accusateur ne saurait, sans cruauté, rester soumis plus long-temps à une détention devenue inutile.

Une mère plus que sexagénaire, accablée d'infirmités, et que la nouvelle affreuse de l'arrestation de sa fille pouvait précipiter au tombeau, le souvenir de ses deux enfans en bas âge, la préoccupation de la douleur d'une famille tout entière si honorable et si dévouée. Voilà ce qui a rendu accablante pour Mme Courrier l'épreuve à laquelle elle a été soumise. Cette épreuve est, grace au ciel, terminée. Le premier acte du tribunal de Tours sera sans doute la fin de tant de souffrances.

Le 5 janvier 1825, après quelques dispositions de ménage prises à la Chavonnière, Mme Courrier, accompagnée de son fils Paul, partit pour Paris, où elle occupa l'appartement de sa mère, Madame Clavier. Son époux s'y trouvait aussi et se rendait chaque soir auprès d'elle.

Vers le milieu de février, M. Courrier s'étant trouvé dans la nécessié de repartir pour la Chavonnière, il chargea son épouse de terminer quelques affaires d'intérêt. Le 7 avril, en vertu de sa procuration, elle fit un paiement à M. Dacot par-devant M. Delamaze, notaire, et signa un emprunt de 16,000 fr. au profit de M. de Neufforg.

Cependant elle était à la veille de la plus horrible catastrophe. Le 12 avril, une lettre de M. Bidaut à M. Lamaze notaire annonce que M. Courrier a été assassiné le 10 dans le bois de L'arcay.....

Cette nouvelle transmise fut un coup de foudre pour Mme Courrier : son époux, le père de ses enfans, tombé dans un bois sous le coup d'un assassin : la France venait de perdre l'écrivain le plus original de ces derniers temps, deux enfans en bas âge venaient de perdre leur protecteur et leur soutien.

Le 18 ou le 19 avril, Mme Courrier accompagnée de sa mère est déjà rendue à la Chavonnière : quel est l'auteur du crime ? voilà ce qu'elles demandent à chacun, et assistées du lieutenant général Haxo, le plus ancien ami de M. Courrier, elles se livrent à toutes les investigations, interrogent jusqu'aux physionomies, s'emparent de tous les détails ; une affreuse lueur vient les éclairer..... un homme dont le nom ne peut plus être prononcé sans horreur..... un homme attaché à la maison, en qualité de garde particulier, et que son maître avait congédié peu de temps avant le crime, un homme d'un caractère sombre et inquiet, capable de concevoir et d'exécuter d'affreux projets de vengeance, Louis Frémont est l'assassin de Paul-Louis Courrier... Quand la veuve arriva à la Chavonnière, seul il évita sa présence. On avait extrait de la plaie du malheureux Courrier un morceau de papier restant de la bourre du fusil, c'était le fragment d'un journal intitulé le *Feuilleton Littéraire*; on avait trouvé dans la chambre de Frémont les N^{os} des 12, 14 et 15 août: le N° 13 manquait, et le fragment appartenait à ce numéro.

La nuit Frémont avait besoin d'une lumière, parce que depuis son crime, le sommeil le fuyait.

Sous prétexte de vouloir, dans l'intérêt des enfans, rechercher dans les vêtemens de la victime les papiers qui pouvaient s'y trouver, la mère et la veuve ont questionné les règards de Frémont en présence de ces vêtemens ensanglantés; il ne peut soutenir une telle vue: Louis Frémont est l'assassin..... Mme Courrier prie M. le général Haxo d'avertir M. le procureur du roi; la force publique est préparée, et sur la dénonciation de la veuve l'assassin du mari est arrêté. Plus tard un jury l'a acquitté!...

Ah! gardons-nous d'être trop sévères contre les erreurs de cette justice, qu'un coupable est parvenu à tromper! Dans les scrupules de conscience qui ont fait absoudre un assassin, on trouve au moins la garantie que les erreurs qui ont assuré l'impunité du crime ne trouveront jamais une horrible compensation dans la condamnation de l'innocence.

Toute la contrée, toute la France sait bien que Mme Courrier persévéra à accuser vivement dans les débats celui que son instinct d'épouse lui avait signalé comme le meurtrier. Ce misérable avait imaginé un système digne de lui; après avoir assassiné Paul Courrier, il eut l'audace, par des détails controuvés, de souiller sa mémoire et le nom de ses enfans, et de diffamer sa veuve, qui, en l'accusant, remplissait un devoir sacré! Seule, sans assistance, sans conseil, elle fut ainsilivrée aux plus odieuses diffamations!

Louis Frémont fut acquité. Depuis il a avoué son crime, et graces à une loi contre laquelle on serait tenté de se récrier, si un peu de méditation ne faisait comprendre combien elle est salutaire à l'ordre public, cet homme est libre; s'il a étouffé le cri de sa conscience, il est sans punition dans ce monde; il consent à vivre couvert du sang qu'il a versé, et trouvant peut-être dans la bienveillance de quelques-uns un dédommagement à l'horreur qu'il inspire à toute la contrée.

Le rôle de cet homme du crime n'est pas encore fini : après avoir assassiné le mari, bientôt il voudra par des paroles empoisonnées assassiner moralement l'épouse, et peut-être, changeant les rôles, la traîner sur les bancs qu'il occupa lui-même.

Depuis ces horribles événemens, Mme Courrier était consacrée aux soins qu'exigeait une fortune un peu embarrassée et l'éducation de ses enfans. Le 20 juin 1829 elle partit pour Genève, où elle devait rencontrer sa mère qui revenait d'un voyage en Italie. Elles ont passé la belle saison en Suisse, et elles n'ont été de retour à Paris que le 20 septembre 1829... Depuis ce moment, la mère et la fille ne s'étaient pas quittées un instant. La santé de Mme Clavier étant gravement altérée, les soins de sa fille étaient devenus nécessaires; lorsque les journaux lui apprirent que Frémont avouait son crime et dénonçait des complices; sur une sommation de comparaître devant le juge d'instruction du tribunal de Tours, Mme Courrier est partie pour cette ville le 8 janvier 1830, sans même s'être entretenue avec un conseil, sans défiance, et toute empressée de faciliter à la justice les moyens de constater, à l'aide de ses souvenirs personnels, ce qui pourrait mettre au grand jour le crime qui frappa son époux.

Elle était loin de prévoir la dernière épreuve qui lui était réservée. Le rôle de Louis Frémont recommence : celui qui, pressé par les accusations de Mme Courrier, prétendait que ces accusations étaient d'odieuses calomnies dictées par un esprit de vengeance, parce que, disait-il, il avait été le confident des chagrins domestiques de M. Courrier, a reconnu que la vérité seule parlait par la bouche de la veuve de la victime. J'ai assassiné, dit-il, M. Courrier; mais il ajoute, pour atténuer son crime, qu'il a été poussé par Symphorien Dubois, décédé depuis long-temps au service de Mme Courrier. Ce mort, que l'on fait parler, aurait dit que Mme Courrier devait donner à l'assassin une récompense : et Mme Courrier était absente depuis quatre mois lorsque le crime a été commis, elle était absente lorsque la prétendue provocation aurait été faite en son nom!

Odieuse et absurde calomnie! mais la justice doit se montrer sévère dans ses recherches; quelle que soit sa répugnance, elle se croit forcée de soumettre à un examen les paroles d'un meurtrier assuré de l'impunité, et dont l'innocence légale est proclamée: elle recevra même son serment. Sur une accusation de cette nature, Mme Courrier a été arrêtée le 16 janvier 1830 : traitée avec égards dans sa captivité, ce n'est point d'une torture physique qu'elle a à se plaindre : mais son ame est à jamais déchirée, et le temps ne guérira point sa plaie. Toutefois qu'elle se rassure, la prévention publique, nourrie par des détails mensongers, entretenue par la haine que quelques-uns portèrent à son époux, s'est effacée de jour en jour : dans des temps éclairés l'opinion publique n'est pas si avide de croire au crime qu'on peut bien le supposer. Ces détails mensongers ont disparu; on sait que madame Courrier était absente lors du crime, on sait qu'elle dénonça, qu'elle fit arrêter, que devant le jury, elle accusa le meurtrier. On rougirait d'accorder confiance à quelques paroles sorties de la bouche d'un assassin. Qu'elle jette d'ailleurs les yeux sur ceux qui s'intéressent avec tant de conviction à son sort : si quelques ennemis du nom de Courrier, blessés autrefois dans leur amour-propre, affectent de vouloir se rendre les vengeurs du crime qui le frappa en diffamant la veuve, déshonorant les enfans : tous les amis de Courrier, ceux qui le pleurèrent, qui maudissent et l'assassin connu et les complices qu'on pourrait découvrir; ne sont-ils pas convaincus de l'innocence de sa veuve; ne viennent-ils pas tous à son secours. Mme Courrier, fière de l'assistance d'une famille honorable, pourrait dire avec assurance : cette assistance seule fait ma justification; mais lorsque tous les amis de son mari s'empressent pour témoigner en sa faveur, ce concours doit adoucir l'amertume de sa douleur et lui apparaître comme un avant-coureur de la justice qui sera bientôt rendue.

La *discussion* des moyens qu'une accusation pourrait invoquer contre Mme Courrier ne saurait être ni longue ni difficile.

Louis Frémont congédié par M. Courrier et qui, si les souvenirs de la première instruction sont exacts, lui avait écrit une lettre menaçante, Louis Frémont a assassiné son maître.

Dans un homme de cette nature, le sentiment de la vengeance ne suffirait-il pas pour le pousser au crime ?

Il a été excité, par qui? par Mme Courrier, il ne le dit point : Mme Courrier était absente depuis plusieurs mois, quand la provocation aurait été faite; elle était absente quand, renvoyé par son maître, Louis conçut le projet qu'il a si cruellement exécuté.

Symphorien Dubois lui aurait dit que Mme Courrier paierait le meurtrier de son mari? horrible pensée! mais alors même qu'en l'absence de Mme Courrier, qui était alors séparée du crime par soixante lieues, cet infâme propos aurait été tenu; qui prouve, qui ose même indiquer que Mme Courrier aurait chargé Symphorien de faire entendre de telles paroles ?

Symphorien Dubois est mort; il ne peut contredire Louis Frémont; mais qu'on le demande à toutes les consciences; de quel droit pourrait-on invoquer les paroles sorties de la bouche d'un assassin?

Un homme condamné à une peine infamante n'est pas admis à la prestation du serment : le parjure serait trop facile à sa conscience. Frémont vit il est vrai dans l'impunité, mais cette impunité légale peut-elle être une recommandation pour ses paroles? N'est-ce pas au contraire un scandale qu'il faut déplorer? en un mot, Louis Frémont, convaincu d'avoir assassiné son maître, en réalité, ayant commis ce crime par esprit de vengeance, imagine aujourd'hui, sous les inspirations de cette vengeance qu'il doit reporter sur celle qui l'accusa, de dire qu'un homme qui n'est plus lui promit un salaire pour le sang qu'il verserait... Et cette parole pourrait être accueillie? et le sanctuaire de la justice n'en serait pas souillée, et la morale publique ne s'en révolterait pas? Magistrats, ces sentimens seront compris par vos consciences.

Au nombre des indications données pour signaler l'assassin, Mme Courrier aurait annoncé qu'on lui avait dit que M. Courrier avait donné à Louis Frémont un rendez-vous dans le bois: elle aurait signalé un nommé Saget comme l'auteur de la nouvelle.

Saget a déclaré dans la première instruction contre Frémont et soutient aujourd'hui qu'il n'a pas révélé cette circonstance à Mme Courrier.

Que Saget n'ait pas voulu nuire à Frémont dans la première instruction, qu'il soutienne aujourd'hui son premier système, cela est possible;

Que Mme Courrier dans les premiers momens de son arrivée, recueillant avec sa mère toutes les circonstances, ait cru entendre comme venant de Saget ce qui était indiqué par tout autre; qu'au milieu d'autres circonstances bien plus graves qui signalaient l'assassin, elle ne se souvienne pas de ce détail ou de la personne qui le lui aura dit ainsi qu'à sa mère: que veut-on en conclure? Le voici:

Les Dubois sont accusés de complicité. Ils pouvaient connaître le rendez-vous de Louis Frémont; il est possible que ce soit par eux que madame Courrier ait connu cette circonstance. En admettant la réalité de cette supposition, qui n'a rien de vrai, en quoi cela prouverait-il que Mme Courrier, arrivée après le crime commis, qui se trouvait à Paris au moment de ce crime, en a été le complice par provocation et par promesse d'argent?

Mais on suppose que les frères Dubois, Pierre ou Symphorien lui auraient fait savoir que M. Courrier avait donné un rendez-vous à Frémont; que Frémont était coupable, et que peut-être aussi il fallait accuser Frémont, parce qu'il se montrerait discret jusqu'à l'échafaud à l'égard même de celle qui le dénoncerait, le ferait arrêter et demanderait sa tête à la justice : suppositions incroyables dont sans doute les magistrats s'abstiendront.

Il y a une réponse péremptoire : les Dubois étaient alors arrêtés et au *secret*. Mme Courrier n'aurait pu les voir dans leur prison, quand elle en aurait eu la volonté; ils ne pouvaient écrire sans que leurs lettres subissent le contrôle du directeur de la prison; et d'ailleurs, en admettant la culpabilité, est-ce que le crime trace ses aveux dans une correspondance?

Il est inutile d'insister sur des détails de cette nature; non-seulement la prévention ne prouve rien, mais pour qui examinera la question sans haine, sans préjugé, sans passion, c'est-à-dire pour les magistrats, les preuves de l'innocence sont portées jusqu'à l'évidence la plus entière.

Louis Frémont a conçu la pensée du crime pour se venger de M. Courrier; Mme Courrier étant absente ne peut donc avoir provoqué l'assassinat; dira-t-on que ne provoquant pas par ses paroles, elle aura provoqué par l'intermédiaire de la poste aux lettres; et dans des lettres qu'on ne représente point elle aura écrit: ma fortune et mon lit appartiendront à l'assassin de mon mari? Que répondre à de telles horreurs? Que répondre à un raisonnement qui mettrait une possibilité au lieu d'une preuve, et admettrait comme possibilité ce qu'il y aurait de plus incroyable au monde.

Dans tous les procès, l'*alibi* est la plus forte des preuves; ici l'*alibi* est établi, la prévention ne le met pas en doute.

Il est, pour tout individu qui a observé le cœur humain, quelques signes certains d'innocence ou de culpabilité auxquels on ne peut se méprendre : l'alibi démontre l'impossiblité physique de coopérer à un crime : il est des impossibilités morales tout aussi puissantes, et qui ne sauraient laisser aucun doute sur l'innocence.

Si Mme Courier a provoqué ou fait provoquer au crime l'assassin de son mari, quelle sera sa conduite en arrivant, en s'approchant de ses complices ? Elle gardera un profond silence, elle se couvrira d'un voile impénétrable et ne redoutera rien tant que ce qui pourrait conduire à la vérité.

Si elle a excité ou fait exciter Louis Frémont, l'arrestation de cet homme la fera frémir, les interrogatoires qu'il subira dans la solitude du *secret* la priveront de sommeil ; quand elle lui sera confrontée elle tremblera en sa présence, elle craindra après avoir provoqué son crime, de provoquer ses paroles et ses indiscrétions.

Quelle a été la conduite de Mme Courrier ?

Elle se livre à des investigations actives pour découvrir l'assassin ; elle le découvre, elle le confond ; elle le dénonce à la justice : elle le fait arrêter. Elle l'accable aux débats de sa conviction et des preuves qui l'appuyent. Et l'on pourrait soutenir encore que Mme Courrier accusait ainsi celui qui n'avait été que son instrument ?

Dira-t-on qu'elle avait calculé que le soin de sa conservation devait prévenir un aveu de la part de Frémont, et par conséquent des indiscrétions accusatrices pour Mme Courrier elle-même ? Ce calcul est moralement impossible. Mais après la condamnation l'assassin sera-t-il encore discret ? pardonnera-t-il à celle qui, après l'avoir poussé au crime, l'a poussé ensuite à l'échaffaud par ses dénonciations ? En vérité l'évidence est acquise quand il s'agit de prouver l'innoncence de Mme Courrier ; et pour la supposer coupable, il faut renverser la nature des choses, et admettre des suppositions que la pudeur la plus vulgaire défendrait à la malveillance elle-même d'exprimer hautement.

Enfin quelle a été la conduite de Mme Courrier dans ces derniers temps? Les journaux lui annoncent que Frémont a dénoncé des complices, toute la trame est découverte, dit-on. Mme Courrier prend-elle la fuite? Non. Elle se rend à Tours un mois après, et va sans défiance au-devant d'une arrestation qu'elle ne pouvait assurément prévoir.

On ne saurait donc trop le répéter, Mme Courier est innocente du crime horrible qui priva ses enfans de leur père à l'égard d'autres faits étrangers; elle se doit à elle-même, elle doit au nom qu'elle porte, qui est aussi celui de ses enfans; elle doit à la mémoire du célèbre Clavier, à sa famille si honorable de ne pas descendre à des détails dont la seule suppposition aurait pour objet de la dégrader à ses propres yeux.

Si Mme Courrier n'est pas couverte du sang de son mari, qu'on lui fasse du moins un procès posthume sur sa conduite comme épouse; qu'on empoisonne les détails de sa vie privée; que ne pouvant la tuer physiquement, ainsi que son mari, on la tue moralement; que ses enfans aient à rougir de leur nom; que la mémoire de Clavier lui-même soit souillée; qu'une mère expire de douleur à la seule idée de sa fille assise à la place même où était assis Louis Fromont!.... Non de tels vœux ne seront pas exaucés!

Magistrats, votre pouvoir vous est donné pour atteindre le crime et non pour préparer de grands scandales; vos devoirs vous sont connus, et vous vous hâterez de protéger par votre décision une existence déjà bien malheureuse, et une famille justement honorée.

BARTHE, GAIRAL,

Avocats à la cour royale de Paris.

IMPRIMERIE DE E. DUVERGER,
rue de Verneuil, n° 4.